La Gloria sea para Cristo

La sangre de Cristo tiene poder

Julio C Richiez

Reservados todos los derechos. No se permite la reproducción total o parcial de esta obra, ni su incorporación a un sistema informático, ni su transmisión en cualquier forma o por cualquier medio (electrónico, mecánico, fotocopia, grabación u otros) sin autorización previa y por escrito de los titulares del copyright. La infracción de dichos derechos puede constituir un delito contra la propiedad intelectual.

El contenido de esta obra es responsabilidad del autor y no refleja necesariamente las opiniones de la casa editora. Todos los textos fueron proporcionados por el autor, quien es el único responsable por los derechos de los mismos.

Publicado por Ibukku
www.ibukku.com
Diseño y maquetación: Índigo Estudio Gráfico
Copyright © 2021 Julio C Richiez
ISBN Paperback: 978-1-64086-897-7
ISBN eBook: 978-1-64086-898-4

ÍNDICE

Dale una oportunidad a Dios	5
Doy mi vida a Dios	6
El Señor	7
En Cristo Caminaré	8
Nombre Sobre Todo Nombre	9
Camino a la Gloria	10
Cierro mis ojos	11
Dios liberta	12
Mi riqueza eres tú, Señor	13
Manos levantadas al Señor	14
Da el paso de fe	15
Jesús ahí está	16
Gracias por tu amor	17
Todo pasa a tu tiempo	18
Vino y no le conocieron	19
Gracias, Señor	20
Siempre nuestro Dios	21
Vientos que obedecen	22
Lloro por ti, Señor	23
Muerto y pecador	24
Mi rey	25
Yo Soy	26
El santo de Israel	27

Dios justo	28
Bendito Señor, bendito Jesús	29
Solo creo en ti, Señor	30
Solo hay un padre	31
La Biblia, el libro santo	32
Como león rugiente	33
Dos Caminos	34
Las palabras de Dios	35
Todo lo que tengo se lo debo a Cristo	36
La gloria sea para Dios	37
La presencia del Señor	38
Llega la vida llega el amor	39
Eres nuevo en Cristo	40
Jesús me salvó	41
La sangre de Cristo 1	42
El bautismo	43
Mi Padre Santo	44
Como saber la verdad	45
En ti busco, Jesús	46
Reestablecer el templo de Jehová	47
Reverencia para Jesús	48
Jesús pon en mí	49
Mi vida en el Señor	50

Dale una oportunidad a Dios

Dale una oportunidad a Dios
de sanar tu corazón,
de sanar tus heridas,
de quitar tu aflicción,
de darte el perdón y una nueva vida.

Dale una oportunidad a Dios
de ser quien limpie tu vida,
que limpie tus pecados y tu mala vida,
aquella que el hombre no perdona
y que nunca olvida,
para que vea un nuevo día
buscando del Señor y sus maravillas,
para que ame su creación
y goce de su protección,
la que Él da a sus hijos y sus hijas.

Dale una oportunidad a Dios
antes que se acabe esta vida
y pierdas tu vida eterna
por no aceptar al Señor.

Doy mi vida a Dios

Doy mi vida a Dios
porque Él por mí su vida dio,
porque Él a mí me creó
y de su misericordia salió mi perdón.

Doy mi vida a Dios
porque Él me enseñó lo que es el amor,
porque de la muerte eterna Él me salvó
y de la oscuridad me sacó.

Puso su mirada y compasión en mí
para que por su amor yo lo pueda seguir.
Doy mi vida a Dios
porque por su sangre santa encontré redención
de parte de aquel que por nosotros su vida dio.

El Señor

ÉL sana las heridas y los corazones,
Él quita las aflicciones,
Él cambia el hombre viejo
por el hombre nuevo,
Él da el amor que ahora yo tengo,
el amor que perdona y te hace clamar a los cielos
por la misericordia de aquellos
que nunca lo conocieron.
Él tiene la luz para darle a los ciegos,
Él tiene el único amor que es eterno,
Él es el camino que te llevará al cielo.
Él es la vida y la esperanza,
Él es quien escucha nuestra alabanza,
Él es quien clama por tu alma,
Él es quien te ama y te da la calma,
Él abre tus ojos
para que veas quien es el que te llama,
Él dio su vida para que la tuya cambiara,
Él es Jesús, el que te ama.

En Cristo Caminaré

En Cristo caminaré, en Cristo viviré,
porque su sangre santa cayó en mi ser
y me hizo renacer.
En Cristo caminaré, en Cristo viviré,
porque su amor es mas grande
que el hombre que fui ayer,
aquel que anduvo en tiniebla
y no supo entender
que el amor de Cristo
tuvo misericordia de él.
En Cristo caminaré
para agradecerle y serle fiel,
para orar y pedirle
que me enseñe el camino
a la nueva Jerusalén.
En Cristo caminaré, en Cristo viviré
Porque así él lo decidió
cuando entró en mi ser,
libertándome del hombre que fui ayer.

Nombre Sobre Todo Nombre

Nombre sobre todo nombre
Jesús de Nazaret,
con solo nombrarlo sacia tu sed.
Aclama su nombre, pero hazlo por fe.
Nombre sobre todo nombre
Jesús de Nazaret,
Él te da el maná para comer
y el agua viva para saciar tu sed;
las enfermedades se van,
los milagros florecen
en aquellos que tienen fe
y el Espíritu Santo desciende
cuando aclamamos a Jesús de Nazaret.
Nombre sobre todo nombre,
el dueño de tu vida,
de tu alma y el fundador de tu fe,
Jesús de Nazaret,
Hijo de David y nuestro rey.

Camino a la Gloria

Va caminando
la verdad y la pureza,
la honestidad y la grandeza de nuestro rey,
cargando la cruz
con humana fortaleza,
burlado por las personas
que no tienen fe.
Va caminando el hijo del Padre,
cada vez está más cerca
de dar su vida y derramar su sangre
por las vidas nuestras,
con su cuerpo maltratado
y su rostro ensangrentado,
una corona de espina en la cabeza.
Caminando hacia el final del sufrimiento
y la culminación de un acto de infinito amor:
el dar su vida por la de todo pecador.

Cierro mis ojos

Cierro mis ojos
y abro mi corazón
y, lleno de fe, recibo a mi señor,
mi rey y mi creador.
Mi corazón late sin control
porque siente al Espíritu Santo
derramando su bendición.
Mi alma tiembla, no de miedo,
sino por su inmenso amor
clamando por mi alma
porque suyo soy.
Cierro mis ojos y veo con el corazón
la luz que alumbra el camino
hacia mi salvador,
donde Él nos espera
para darnos su bendición.

Dios liberta

Como un preso puede ser libre
y una persona libre puede estar presa,
porque uno tiene a Cristo y el otro no,
porque uno está en el mundo
y el otro está en el amor de Dios,
porque uno está en tinieblas
y el otro danza en la luz del Señor,
porque uno sigue al hombre
y el otro sigue al salvador
que vive en su corazón.
El que está preso no conoce
la libertad que da Dios,
el que está preso vive
en pecado y en la perdición.
El que está libre
es porque ha aceptado a Dios
y su salvación,
aquel que está libre
reconoce el Espíritu Santo de Dios,
aquel que te protege y te da la bendición.

Mi riqueza eres tú, Señor

Amo mi riqueza, porque me abre las puertas
que no puede abrir la pobreza.
Adoro mi riqueza, porque alarga mi vida,
quita mi tristeza, sana mis dolores y me da fortaleza.
Adoro la riqueza que conseguí
al aceptar a Dios como mi salvador,
porque de Él viene toda mi fortuna,
aquella que abre las puertas
que solo puede abrir Dios.
Amo la riqueza que tienen todos
los que tienen el amor de Dios,
la riqueza que tienen todos los humildes de corazón,
aquellos que reciben su bendición.
Porque aquellos que tienen a Cristo
tienen la mayor riqueza que puede dar Dios:
el amor eterno, su paz y su redención.

Manos levantadas al Señor

Con mis manos levantadas hacia ti, Señor,
quiero darte mi adoración,
quiero entregarte mi vida
y dar paso a la oración.
Quiero entregarte mi vida
que abre la comunicación
entre este siervo y tú, mi Dios.

Con mis manos levantada hacia a ti, Señor,
siento que mi alma y mi espíritu
se llenan de tu bendición.
Manos levantadas siempre tendré
para defenderme del enemigo con fe y oración,
proclamando que Jesús es nuestro rey.

Con mis manos levantada
yo clamaré a ti otra vez,
para que todos los que no te conocen
te quieran conocer y beban del agua viva que quita la sed.

Da el paso de fe

Te estoy llamando hace tiempo
y no me respondes,
he tocado tu puerta, pero te escondes,
solo quiero darte vida y salvarte de la muerte,
solo quiero que sepas que soy el principio y el final,
y que mi padre te espera,
y solo a través de mi a Él podrás llegar.
Que soy el alfa y el omega y la luz que te guiará
a la calle de oro y al mar de cristal.
No tengas miedo, solo ten fe,
dame tus manos y te haré renacer.
Decídete ahora, da el paso de amor y fe,
porque soy tu padre y no te quiero perder.

Jesús ahí está

Camine hacia delante
o camine hacia atrás,
hable de Jesús o decida callar,
ahí Él siempre estará.
Sin importar tus pecados
ni el grado de tu maldad,
sin importar tu vida o adonde vas,
Él siempre estará contigo
dispuesto para ayudar
y sacarte de la tiniebla en que tú estás.
Solo tienes que aceptar
que Él es la vida y la santidad,
que Él dio su vida
para poderte salvar,
que en tus momentos difíciles
Jesús ahí está.

Gracias por tu amor

Gracias, Señor, por tu amor,
tú me levantaste de mis caídas;
cuando estaba en el suelo no me dejaste ahí,
decidiste levantarme y devolverme la vida.
Gracias, Señor, por tu amor,
aunque yo no lo merecía
cuando yo mismo no me quería.
Tú, mi Señor, por mi dabas tu vida
para que no me perdiera.
Para todo aquel que la lea
sepa de tu amor y grandeza,
para que conozcan la verdad y nunca perezca.
Gracias, Señor, por tu amor y por tu dedicación
para salvar tu creación.

Todo pasa a tu tiempo

Gracias Dios, Padre mío,
que todo pasa a tu tiempo y no al mío.
Gracias Dios mío, porque tú nos das tiempo
para regocijarnos en tu santo libro.
Porque en el reino de Dios hay tiempo para todo,
tiempo para sentir el Espíritu Santo y glorificarte.
Gracias Dios, que todo pasa a tu tiempo y no al mío,
tú nos das tiempo para pedir, para orar y clamar,
tiempo para reír, tiempo para llorar,
tiempo para arrepentirnos,
tiempo para buscar a Cristo y hacer su voluntad,
tiempo para ser libres y no pecar más,
tiempo para dar gracias
y reconocer que todo lo que pasa es su voluntad,
que todo pasa a su tiempo
y nadie lo puede cambiar.

Vino y no le conocieron

Vino a los suyos y ellos no le conocieron,
les mostró todo su amor y les habló del reino;
les hizo milagros y les ofreció los cielos.
A los suyos vino y ellos no le conocieron.
Dio la vista a los ciegos, levantó paralíticos,
devolvió vida a los muertos y sanó a los enfermos.
A los suyos vino y ellos no le conocieron.
Ofreció su vida para salvar la de ellos,
dejó su trono y su reino
y con su sangre santa los salvó del infierno.
Su amor es tan grande que creó la tierra y los cielos,
y dejó su luz para guiarlos a su reino,
pero muchos no llegaran,
porque a los suyos vino y ellos no le conocieron.

Gracias, Señor

Gracias por tu amor,
gracias por las pruebas, Señor,
gracias por tu reprensión,
gracias por tu castigo, Señor,
gracias por el valle del dolor en el que estoy,
gracias por fortalecer mi amor por ti
y mostrarme la luz que me guiará hacia ti.

Gracias por aquellos momentos
que limpiaron mi alma
Y fortalecieron mi fe en ti,
haciendo que el Espíritu Santo se derrame en mí.

Gracias por aquellos momentos
en que me acercaste más a ti,
gracias, Padre mío
por escogerme y cambiar mi vida,
y darme vida eterna antes de que llegue el fin.

Siempre nuestro Dios

Fuiste, eres y serás nuestro Dios.
No eres una historia más,
eres el gran Yo Soy,
el creador de la vida, el que la quita y la da,
el que proclama amor y paz,
aquel que murió en la cruz
torturado y sin piedad.
Aquellos por los cuales Él moría
se burlaban de Él y se reían
del que le salvaba la vida.
Pidiendo a su padre en el lecho de su muerte
perdón para la humanidad,
perdón para aquellos
que prefirieron salvar
la vida de Barrabás,
soportó el odio y recibió tanta maldad,
y mientras más lo golpeaban
más crecía su amor y su paz.
Ahora nos toca a nosotros
adorarlo y amarlo por la eternidad.

Vientos que obedecen

Vientos que soplan
del norte y del sur,
del este y del oeste;
vientos que reciben órdenes del supremo Jesús,
vientos que levantan al caído
y fortalecen el espíritu
de aquel que cree en Jesús.

Vientos de gloria y santidad,
vientos que nos muestran
su majestuosidad,
vientos que derrumban nuestros enemigos,
vientos de amor y paz.
Aquel que protege
al creyente por la eternidad.

Vientos de oro y de cristal,
como lo que soplan en la gran ciudad,
vientos que obedecen al creador de la verdad,
vientos que solo Jesús puede controlar.

Lloro por ti, Señor

Señor, hoy te siento cerca de mí,
hoy lloro por ti,
lloro porque sé que estás aquí,
para que mis lagrimas solo te adoren a ti.

Que mis lágrimas se derramen por mi rostro
como tú derramaste tu sangre por mi.

Lloro por ti, Señor,
porque tu espíritu está en mí;
lloro por ti, Señor, porque tu amor clama por mi;
lloro por ti, Señor, porque decidiste dar tu vida por mi;
lloro por ti Señor, porque me diste tu amor y mi salvación.

Lloro de gozo y de satisfacción
porque al final del camino
me encontraré con Dios.

Muerto y pecador

Nací hace mucho tiempo,
nací muerto y pecador,
caminando por el mundo
y mientras más caminaba
más me alejaba de Dios,
pero yo no lo sabía porque muerto estaba yo,
hundido en los pecados de la vida
y en la maldición de no seguir a Dios.

Él tocaba y tocaba la puerta de mi corazón,
pero no podía abrirla porque muerto estaba yo,
pero su misericordia me alcanzó,
me dijo "hijo mío,
yo soy el dueño de tu alma y de tu corazón,
por ti derramé mi sangre y, en el nombre de mi padre,
a ti te reclamo yo"
y desde aquel día nueva criatura soy.

Mi rey

Trajiste paz a mi vida, Señor,
curaste mi alma y mi dolor,
llenaste mi vida y mi corazón
con tu presencia y tu amor.
No importa cuanto dure para venir, Señor,
a ti daré la gloria y la honra también,
solo a ti, mi rey.
Dueño de las mañanas y del atardecer,
creador del día y del anochecer,
dueño de la misericordia
y del creador de la fe,
a tus pies me inclino brindándote todo mi ser,
aceptando que eres Jesús, mi padre y mi rey.

Yo Soy

¿Preguntaste que quién soy?
Y te digo, yo soy.
Ha visto milagros, le he dado mi amor,
¿y todavía pregunta quién soy?
Los ciegos ven, los cojos andan,
los leprosos sanan, los malos espíritu salen,
¿y todavía pregunta quién soy?
Respondo a sus preguntas y hablo de la gloria de Dios,
buscad a Cristo, seguidme a mí,
yo soy la luz del mundo, yo soy la vid,
no veréis a mi padre si no es por mi.
¿y todavía preguntan sobre mí?
Soy quien vive en ti, soy el Santo Espíritu,
soy el hijo de David,
quien ascendió al cielo cuando por ti morí,
dándote la vida eterna que te prometí,
¿y todavía pregunta sobre mí?

El santo de Israel

Eres el santo de Israel,
reconozco tuya es la gloria
y la honra también,
tuyo es el Espíritu Santo
y a tus pies se rinde la nueva Jerusalén,
tuya es la vida y la muerte también,
tuyo es el día y el anochecer,
santo eres, el santo de Israel.
Dueño del sol y de la luna,
dueño de los mares
y de las montañas también,
dueño de mi alma,
dueño de mi corazón,
el que enciende la llama
que recorre todo mi ser,
avivando mi fe
y dejándome saber
que tú eres el santo de Israel.
Dios es amor y el camino a la verdad,
Dios es igualdad y humildad.

Dios justo

Y nos da a todos por igual,
sin discriminar ni rechazar,
nos ha dado los días y las noches,
nos ha dado el tiempo para encontrar la verdad,
nos ha dado la salud y la enfermedad,
nos ha dado la luz y la oscuridad,
nos ha dado el cerebro
y la libertad para pensar,
nos ha dado los sentimientos
y la decisión de amar o de odiar,
nos ha dado la vida y la muerte
a todos por igual,
sin importar el color o la clase social,
recordándote que todo lo que empieza tiene su final.
Porque pobre o rico da igual,
todos tenemos una fecha para vivir y una para marchar
y solo Dios sabe cuando ha de pasar

Bendito Señor, bendito Jesús

Bendito señor, bendito Jesús,
tú eres el creador, tú eres la bendición
que transforma mi vida.
Bendito Jesús, por tu gran amor,
bendita tu vida que salvó la mía,
bendito Jesús, bendito Señor.
En ti no hay maldad, en ti no hay envidia,
en ti no hay rencor, en ti solo hay vida,
en ti hay gloria y la bendición de cambiar las vidas,
en ti hay una luz que nos guía
y un gran amor que nunca olvida.

Solo creo en ti, Señor

Solo creo en ti, Señor,
en un mundo de mentiras y lleno de maldad
donde la envidia reina
y la verdad la quieren ocultar,
solo creo en ti, Señor,
solo tu puedes cambiar
la mentira por la verdad,
el odio por el amor,
la muerte por la vida,
la oscuridad por la luz.

Solo creo en ti, Señor,
tú eres el creador del mundo,
el dueño de la gloria y el creador de la paz,
el dueño de la misericordia, aunque no te quieran aceptar,
aunque blasfemen contra ti no te voy a dejar.

Solo hay un padre

No soy hijo de mis padres,
ni mi esposa ni yo somos padres de nuestros hijos,
ni mi padre es hijo de sus padres,
solo hemos sido asignados
para procrear y ser procreados.

En verdad todos somos hijos de un mismo padre,
un padre que fue sacrificado
dando su vida para que sus hijos fueran salvados,
un padre que resucitó al tercer día,
después de haber pagado por nuestros pecados,
un padre que murió en la cruz del calvario,
un padre con amor eterno para todos aquellos
que por fe decidieron aceptarlo,
un padre que a sus hijos de las manos está agarrando
y, con su luz brillante,
a la nueva Jerusalén lo está guiando,
un padre que a sus hijos está limpiado y purificando,
derramando su Espíritu Santo
sobre todos lo que lo están adorando.

La Biblia, el libro santo

No es una historia, ni un cuento,
no es un mito, ni una novela,
es el manual de la vida eterna,
es la que te dice como vivir en santidad,
es donde vamos para escuchar a Dios
cuando le hacemos preguntas
que Él ya respondió,
es donde Él nos habla de lo que pasó
es donde encontramos todo su amor,
donde está el Espíritu Santo
y nuestra consolación,
es donde está narrada la verdad de la vida
y el principio de la creación,
es donde está la guía hacia nuestro Dios,
es donde escuchamos de la maldad del hombre
y también de su redención,
es donde aprendemos
que hay un principio y una creación,
que hay un final y una devastación
donde los sietes caballos pelean por el reino de Dios,
donde aprendemos que por mil años
el diablo no tendrá el control,
donde todo lo que necesitamos para nuestra salvación
está en el libro santo de Dios.

Como león rugiente

Hay un león vivo y lleno de maldad,
está suelto y buscando a quien devorar.
Sigue orando y no pares de ayunar
porque eso debilita al león que te quiere atacar.
Busca a Cristo cada día más,
porque si no lo buscas el león te atacará,
él anda buscando a cualquiera que encuentre
para poderlo devorar.
Busca de Cristo para que lo pueda enfrentar,
cúbrete con su sangre santa
para que a ti no pueda llegar,
no te vuelvas un dormilón, aumenta tu oración,
porqué si te halla dormido, te devorará el león.
Recúbrete con la armadura de Cristo
y descansa en la roca,
para cuando el león venga
lo reprenda con tu boca,
y en nombre de Jesús Cristo
lo destruya con la roca.

Dos Caminos

Hay dos caminos para elegir,
uno está lleno de luz
y en el otro hay una oscuridad sin fin;
uno te brinda el amor y te ofrece su perdón,
el otro esta lleno de odio y guarda rencor;
en uno siente la paz que te hace perdonar,
en el otro solo vive para hacer la maldad;
en uno encuentra la vida eterna,
en el otro el abismo del cual no podrá escapar;
en uno esta empezando a vivir,
en el otro esta sentenciado a morir;
en uno esta Jesús Cristo,
en el otro esta Satanás, esperando que escoja mal.
Dos caminos para elegir,
escoge a Cristo si quiere ser salvo y vivir.

Las palabras de Dios

La palabra de Dios es la verdad,
te dice como vivir y no pecar,
te dice como empezó el mundo
y como ha de acabar.

Las palabras de Dios te guían,
te enseñan a amar y perdonar,
te ensenan a rechazar la maldad,
te enseñan a dar gracias
por la vida que Dios nos da,
te enseñan a obedecer y ser fiel,
te enseñan a alimentar tu espíritu,
a tener esperanza y tener fe.

Las palabras de Dios son medicina
que cura tus heridas,
las palabras de Dios tienen las respuestas
para los secretos de la vida,
las palabras de Dios te enseñan a amar tu familia,
a darle gracias a Dios por todos tus días.

Las palabras de Dios son tu única guía
para la salvación de tu vida.

Todo lo que tengo se lo debo a Cristo

Todo lo que tengo se lo debo a Cristo,
le debo mi vida y la salvación.

Todo lo que tengo se lo debo a Cristo,
me dio su misericordia y me enseñó su perdón,
me regaló el gozo que hoy tengo yo,
mi alma lo alaba de corazón,
para Él toda la gloria y mi amor.

Todo lo que tengo se lo debo a Cristo que me redimió
al derramar su sangre por mi perdón.
Él nos ama tanto que sus hijos nos llamó,
él me transformó y de las tinieblas me sacó.
dándome su luz y todo su amor.

La gloria sea para Dios

La gloria sea para Dios que me dio la vida hoy,
que me levantó de la cama y me fortaleció.

La gloria sea para Dios, que dio descanso a mi cuerpo
y me dio su bendición
mostrándome un camino lejos de la perdición.

La gloria sea para Dios
que todo lo puede en su creación,
dándote paz y sabiduría para que vivas mejor,
para que conozcas al padre y recibas su amor.

La gloria sea para Dios,
que nos enseña el camino a la salvación.

La gloria sea para Dios,
que nos da las pruebas para nuestra edificación,
que nos da la sabiduría y la redención.

La presencia del Señor

Mi alma se alegra
cuando siento la presencia del Señor.

Mi vida tormentosa
se convierte en una historia de amor
cuando siento la presencia del Señor.

Su presencia me alegra el alma y el corazón,
su presencia me da la paz que nunca pude alcanzar,
paz que llegó a mi vida cuando Él me pudo tocar.

La presencia de Cristo me llena de felicidad,
ya no existe en mi la soledad
y el vacío que estaba en mi alma
solo Cristo lo pudo llenar.

Siento la presencia de Cristo
y de Él no me quiero apartar,
Y, hasta que Él vuelva a la tierra,
su presencia me acompañará.

Llega la vida llega el amor

Llega la vida, llega el amor
y, de Jesucristo, llega el perdón,
porque el nos ama, nos corrige y nos castiga
con su reprensión.

Llega la vida, llega el amor,
busca de Cristo y vive mejor.
Fuera la tiniebla, porque luz ya soy,
buscar de Cristo es la solución.

Se va la vida, pero no el amor,
el amor de Cristo es nuestra bendición.

Llega la vida, llega el amor del padre por sus hijos
y con él llega la redención.
Llega la vida eterna y la libertad que da el Señor.

Eres nuevo en Cristo

Eres nuevo en Cristo,
déjame decirte que eres hijo de un rey,
de un padre amoroso, de un padre fiel,
de un padre que castiga
para que puedas aprender,
de un padre que te cuida
para que no te vuelva a perder.

Si eres nuevo en Cristo preocúpate por crecer,
para que te purifique
y el Espíritu Santo puedas conocer,
para que tu padre se complazca
de tu nuevo renacer.
Si eres nuevo en Cristo
dale la gracias a Jesús de Nazaret.

Jesús me salvó

Jesús me salvó, Jesús me rescató,
me pasó por el fuego
y se convirtió en mi alfarero,
e hizo de mi un hombre nuevo.

Jesús me salvó, Jesús me rescató,
entró en mi alma y en mi corazón,
estremeció todo mi cuerpo y me sacó del infierno.

Por mi su sangre derramó y me dio su perdón,
dio su vida por la mía
y ahora mi vida doy yo por Dios
y así le agradezco mi salvación y su perdón.

La sangre de Cristo 1

La sangre de Cristo por mi cuerpo está bajando,
la sangre de Cristo mi alma está limpiando,
recordándome que el Cordero por mí está pagando,
que el sacrificio ya está consumado
y su asunción al cielo nos está liberando.

La sangre de Cristo se ha derramado y todo el creyente
en ella sus pecados está limpiando.
La sangre de Cristo es un sacrificio demasiado grande,
que hoy en día no valoramos.

La sangre de Cristo tiene un poder sobrehumano,
la sangre de Cristo sigue sanando
y el Espíritu Santo lo está aprobando.

La sangre de Cristo nos está llamando
para que seamos salvos y no perezcamos.

El bautismo

Me bautizaste con agua y al sumergirme en ella
limpiaste mi corazón, borraste todos mis pecados,
y al salir del agua sentí la transformación,
sentí el nacimiento de un nuevo yo,
una sensación de calma y de amor me arropó,
y solo podía sentir el amor de Dios
y de su misericordia que me alcanzó,
y hoy que soy un hombre nuevo, le pido al Señor
que me prepare para ser bautizado
por el Espíritu Santo, que fue el que me escogió
para servirle al Señor.
Espíritu Santo cuando quieras
ven y habita en mi corazón.

Mi Padre Santo

Padre mío, Padre Santo,
toma control de mi vida
y enamórame con tus encantos,
con tu amor y tu Espíritu Santo.
Líbrame del enemigo y sus falso encantos,
no permitas que me desvíe de tu amor santo,
mira que quiero descansar contigo
en el aposento alto,
mira que quiero adorarte desde lo más alto
y que seas tu quien calme mi llanto,
mientras busco alabarte, mi Padre Santo.

Como saber la verdad

No sabes que hay verdades
y que hay mentiras,
que hay dos caminos en la vida:
uno esta lleno de bondades
y el otro está lleno de maldades.
El camino de verdades te lo quieren ocultar
y el camino de mentiras te lo venden como la verdad,
que hay falsos profetas que te quieren engañar,
que solo si aceptas a Cristo sabrás la verdad,
porque para eso el Espíritu Santo te guiará.
Hay un camino ancho que te hará fracasar,
mientras que por el camino angosto llegarás a la libertad,
aquella que solo Cristo te puede dar.
Hay dos caminos, es la verdad,
uno quiere engañarte y el otro te quiere salvar.
Ten cuidado por donde caminas
para que no te vallas a equivocar.

En ti busco, Jesús

Padre mío, señor Jesús,
en ti busco el amor, en ti busco la paz,
en ti busco todo lo que el hombre no puede dar.
Padre mío, señor Jesús,
en ti busco la tolerancia, en ti busco la sanidad,
en ti busco la sabiduría para discernir la verdad,
en ti busco la relación que solo el padre puede dar,
en ti busco la fuerza para continuar,
en ti busco la luz que me ha de guiar,
donde esta el padre y poderlo adorar.
En ti busco el principio, en ti busco el final,
donde el Espíritu Santo me ha de sellar.

Reestablecer el templo de Jehová

Oh señor mío, Padre Santo,
tú nos has dicho que es hora ya
de reestablecer el templo de Jehová,
de subir al monte y buscar madera
para reestablecer el templo
donde vamos a orar.
Porque no es a mi tiempo,
porque no es a mi voluntad,
apresúrate a reestablecer el templo de Jehová,
porque en vano me busca si no tiene donde orar,
si no tiene donde pedir la presencia de Jehová.
Es tiempo para levantar tu casa,
pero la casa de oración tienes que esperar,
¿no sabes que con solo un soplo
tu casa puedo derribar?
Tú puedes vivir sin tu casa,
pero no puedes vivir
sin el templo de Jehová.
Reestablece mi casa y ponte a orar.

Reverencia para Jesús

No damos reverencia al dueño de la maldad,
solo reverenciamos al señor de la libertad,
aquel que nos redime porque nos quiere salvar.
No damos reverencia al enemigo de la verdad,
solo damos reverencia al que nos quita la venda
y nos saca de la oscuridad,
aquel que con su luz alumbra la verdad,
aquel que llena nuestra alma de amor y paz,
aquel que nos fortalece para la batalla final,
aquel que es el hijo del padre y nos ama de verdad,
aquel que dando su vida y su sangre
nos dio el perdón y la libertad.
A ti doy mi reverencia
Cristo, Jesús por la eternidad.

Jesús pon en mí

Jesús, Padre mío,
pon en mí tu gloria, pon en mi tu misericordia,
pon en mí tu amor para adorarte a toda hora.

Jesús mi rey,
pon en mí tu fuerza para derribar fortalezas,
pon en mí tu protección
para que el enemigo no se engrandezca,
pon en mí tu luz para que la tiniebla desaparezca,
pon en mí tu luz para que la verdad resplandezca,
pon en mí tus deseos
de verme renacer como un hombre nuevo
creado por la fe.

Mi vida en el Señor

Que distinta es mi vida desde que conocí al Señor,
cambié el pecado por la voluntad de Dios,
cambié el cantar por la adoración.
Que distinta es mi vida desde que conocí al Señor,
cambié las tinieblas por la luz que da Dios,
cambié las preocupaciones por la oración.
Ahora dejo todas mis cargas en las manos del Señor
para que sea a su tiempo que venga la solución.
Que distinta es mi vida desde que conocí al Señor,
ahora se que hay una vida eterna y que existe una salvación,
que hay tiempo para purificarnos
y encontrarnos con Dios.
Que distinta es la vida cuando nos entregamos al Señor.

www.ingramcontent.com/pod-product-compliance
Lightning Source LLC
LaVergne TN
LVHW041550060526
838200LV00037B/1229